Inhalt

Der neue Umwandlungssteuererlass - Zentrale Aspekte

Kernthesen

Beitrag

Fallbeispiele

Weiterführende Literatur

Impressum

Der neue Umwandlungssteuererla - Zentrale Aspekte

Annett Kaindl

Kernthesen

- Das neue Umwandlungsgesetz aus dem Jahr 2006 hat eine Vielzahl von Anwendungsfragen aufgeworfen.
- Auf einen klärenden Erlass der Regierung mussten die Unternehmen fünf Jahre warten.
- Umstrukturierungen konnten deshalb nur unter hohen Steuerrisiken vorgenommen werden.
- Im November 2011 hat die Finanzverwaltung den lang ersehnten Umwandlungssteuererlass veröffentlicht.

Beitrag

Regelungslücken im neuen Umwandlungsgesetz erforderten die Veröffentlichung eines klärenden Erlasses

Die steuerlichen Folgen von Fusionen, Spaltungen, Einbringungen und anderen Reorganisationsmaßnahmen waren seit der Neufassung des Umwandlungssteuergesetzes im Jahr 2006 für die Unternehmen kaum noch sicher abzuschätzen. Der Grund dafür waren Regelungslücken und unpräzise Formulierungen im Gesetzestext. Der existierende Erlass des Bundesministeriums der Finanzen, der unklare Gesetzesbestimmungen auslegt, stammte aus dem Jahr 1998 und bezog sich auf das nicht mehr gültige Umwandlungssteuergesetz aus dem Jahr 1995. Sehr viele Aussagen dieses Erlasses waren durch das neue Umwandlungssteuergesetz aus dem Jahr 2006 überholt. Die mehrfach angekündigte Veröffentlichung eines neuen Erlasses verzögerte sich immer wieder. Unterdessen schoben viele Unternehmen notwendige Reorganisationen wegen der steuerlichen Unklarheiten auf. Das Warten hat nun ein Ende, am 11.11.2011 veröffentlichte die Finanzverwaltung den Umwandlungssteuererlass 2011. (1), (2), (3)

Zweck des Umwandlungssteuergesetzes ist es, die einkommen-, körperschaft- und gewerbesteuerlichen Folgen von Umstrukturierungen zu regeln. Es nennt die Voraussetzungen, unter denen sich Unternehmen ertragsteuerneutral, also ohne die Besteuerung von Veräußerungsgewinnen, reorganisieren können. Ohne diese Steuerneutralität würden Umwandlungsvorgänge grundsätzlich wie Veräußerungs- oder Liquidationsvorgänge behandelt und somit häufig hohe steuerliche Belastungen auslösen. 2006 wurde das Umwandlungssteuergesetz umfassend überarbeitet. Der Gesetzgeber setzte damit europarechtliche Vorgaben um und erleichterte grenzüberschreitende Umstrukturierungen innerhalb der EU. (1), (2), (3)

Die Rechtsunsicherheit führte in den vergangenen Jahren nicht selten dazu, dass betrieblich notwendige Reorganisationsvorhaben auf Eis gelegt wurden oder ganz unterblieben. Einige Unternehmen versuchten, ihren Fall vor der Umwandlung mit dem Finanzamt im Rahmen einer verbindlichen Auskunft abzuklären. Gibt die Behörde eine solche verbindliche Auskunft über die anstehende Steuerlast, ist sie später daran gebunden. Allerdings gibt es eine solche wertvolle Information nicht zum Nulltarif. Nicht selten kam es vor, dass die Finanzämter eine Klärung von Zweifelsfragen durch eine verbindliche Auskunft ablehnten. (1), (2), (4)

Ein zentraler Aspekt des neuen Umwandlungsgesetztes ist der Begriff des Teilbetriebs.

Was ist unter einem Teilbetrieb zu verstehen?

Viele Reorganisationsmaßnahmen wie zum Beispiel die Ausgliederung, Abspaltung oder die Einbringung können nur dann erfolgsneutral durchgeführt werden, wenn das übergehende Vermögen als ein sogenannter Teilbetrieb qualifiziert werden kann. Eine gesetzliche Definition fehlt im nationalen Recht. Aus der Rechtsprechung hat sich herausgebildet, dass ein Teilbetrieb einen mit einer gewissen Selbstständigkeit ausgestatteten, organisch geschlossenen, für sich lebensfähigen Teil des Gesamtbetriebs darstellt. (4)

Im Gegensatz zum deutschen Steuerrecht enthält die EU-Fusionsrichtlinie eine eigenständige Definition des Teilbetriebs. Der nationale und der europäische Teilbetriebsbegriff sind nicht identisch. Der nationale Teilbetriebsbegriff wird zum Teil weiter, zum Teil aber auch enger als der europäische Teilbetriebsbegriff verstanden. Bisher folgte die Finanzverwaltung dem nationalen Teilbetriebsverständnis, zukünftig sollen die Vorgänge des Umwandlungssteuergesetzes auf der Basis des europäischen Teilbetriebsverständnisses bewertet werden. Aufgrund der Vielzahl der mit dem Begriffsverständnis verbundenen Zweifelsfragen wird das geänderte Verständnis der Finanzverwaltung nicht zur Rechtssicherheit beitragen. (4)

Die zukünftig zur Anwendung kommende Definition versteht unter einem Teilbetrieb die Gesamtheit der in einem Unternehmensteil einer Gesellschaft vorhandenen aktiven und passiven Wirtschaftsgüter, die in organisatorischer Hinsicht einen selbstständigen Betrieb, das heißt eine aus eigenen Mitteln funktionsfähige Einheit, darstellen. Zu einem Teilbetrieb gehören demnach alle in einem wirtschaftlichen Zusammenhang stehenden Wirtschaftsgüter, nicht nur die funktional wesentlichen. (2), (5)

Zu welchem Zeitpunkt muss der Teilbetrieb vorliegen?

Nach der bisherigen Auffassung der Finanzverwaltung reichte es aus, dass die Teilbetriebsvoraussetzungen vorlagen, sobald der Einbringungsvertrag unterzeichnet beziehungsweise der Umwandlungsbeschluss gefasst worden war. Der Umwandlungssteuererlass 2011 verlegt diesen Zeitpunkt nach vorn: Der Teilbetrieb muss bereits zum steuerlichen Übertragungsstichtag vorliegen.

Damit wird der häufigen Gestaltung, die Teilbetriebsvoraussetzungen erst nach dem Übertragungsstichtag, aber noch vor dem Spaltungsbeschluss herzustellen, ein Ende gesetzt. Durch die Abstellung auf den Übertragungsstichtag verlieren die Unternehmen wertvolle Zeit, die sie bisher nutzen konnten, um zum Beispiel eine separate Buchhaltung einzurichten oder die Produktionsbereiche räumlich zu trennen. (1), (2), (3)

Abschaffung des Instituts "Teilbetrieb im Aufbau"

Das Institut des sogenannten "Teilbetriebs im Aufbau" soll zukünftig nicht mehr zulässig sein. Bisher akzeptierte es die Finanzverwaltung, wenn ein Teilbetrieb zum relevanten Zeitpunkt nicht vollständig hergestellt war. Waren die wesentlichen Betriebsgrundlagen vorhanden und war bei zielgerichteter Weiterverfolgung des Aufbauplans ein selbstständig lebensfähiger Organismus zu erwarten, stand einem erfolgsneutralen Umwandlungsvorgang nichts entgegen. Dieses Konzept wird nunmehr nicht länger akzeptiert. Die Voraussetzungen für den Teilbetrieb müssen am maßgeblichen steuerlichen Umwandlungsstichtag vollständig erfüllt sein. Die neue Sichtweise wird Umstrukturierungen in der Praxis noch komplizierter machen. Nicht nur, dass die

Teilbetriebsvoraussetzungen nunmehr bereits zum steuerlichen Umwandlungsstichtag vorliegen müssen; die Voraussetzungen dafür müssen nun auch vollständig gegeben sein. (1), (2), (4)

Rückwirkende Begründung von Organschaften

Ein in der Praxis bei sehr vielen Umwandlungen zentraler Aspekt ist die Frage, ob ein Unternehmen, das einen Teilbetrieb rückwirkend auf eine zu diesem Zweck neu gegründete Tochtergesellschaft ausgliedert, diese Tochtergesellschaft auch zeitlich zurückbezogen, das heißt von Anfang des Wirtschaftsjahres an, in eine Organschaft mit dem ausgliedernden Unternehmen einbeziehen kann. Das ist in der Praxis wichtig, um die Verrechnung von Gewinnen und Verlusten zwischen den Konzerneinheiten ohne zeitliche Unterbrechung zu ermöglichen. Die Finanzverwaltung stand dem bislang sehr reserviert gegenüber. Der Umwandlungssteuererlass erlaubt zukünftig eine rückwirkende Einbindung in den Organkreis. (1), (4)

Fortführung der Buchwerte zukünftig nur noch auf Antrag

möglich

Eine der wesentlichen Neuerungen, die das neue Umwandlungsgesetz aus dem Jahr 2006 mit sich brachte, war die Einführung des Antragserfordernisses für die Buchwertfortführung. Im Gegensatz zum bis dahin gültigen Umwandlungssteuergesetz sehen die neuen Vorschriften grundsätzlich den Ansatz der übergehenden Wirtschaftsgüter zum gemeinen Wert vor, was in den meisten Fällen zur steuerpflichtigen Aufdeckung von stillen Reserven führt. Der Ansatz des gemeinen Werts kann nur dann verhindert werden, wenn ein Antrag auf die Fortführung der Buchwerte gestellt wird. Einzelheiten zur korrekten Ausübung dieses Antrags sind im Umwandlungssteuergesetz allerdings nicht enthalten. Dem Erlass kann entnommen werden, dass der Antrag keiner speziellen Form genügen muss. (2), (4)

Einbringungen

Bringt ein Einzelunternehmer beispielsweise einen Betrieb in eine Kapitalgesellschaft ein, ohne Aufdeckung der stillen Reserven, dann sind die Anteile, die er im Gegenzug erhält, sieben Jahre lang steuerverhaftet. Eine Veräußerung der Anteile hätte eine rückwirkende Besteuerung des

Einbringungsgewinns zur Folge. Gemäß Umwandlungssteuererlass 2011 führt grundsätzlich jede der Einbringung nachfolgende Umwandlung zu einer schädlichen Veräußerung. Aus Billigkeitsgründen kann auf Antrag bei Folgeumwandlungen zu Buchwerten von einer rückwirkenden Besteuerung des Einbringungsgewinns abgesehen werden, wenn bestimmte Voraussetzungen erfüllt sind. (2)

Trends

Durch die Veröffentlichung des Umwandlungssteuererlasses 2011 haben die Unternehmen mehr Rechtssicherheit bei der Planung von Umstrukturierungen gewonnen. Allerdings sind einige Auslegungen des Umwandlungsgesetzes überzogen streng beziehungsweise zu sehr von fiskalischen Erwägungen getrieben. Die Finanzverwaltung sollte sich daher einer zeitnahen Überprüfung und Anpassung ihrer Auffassungen nicht verschließen. (5)

Fallbeispiele

Der zukünftig zur Anwendung kommende europäische Teilbetriebsbegriff bringt folgende praxisrelevanten Folgeänderungen mit sich:

Die geforderte Selbstständigkeit des Unternehmensteils liegt schon bei organisatorischer Verselbstständigung und Funktionsfähigkeit vor, ohne dass sich die Tätigkeit von der übrigen Tätigkeit des Unternehmens unterscheiden muss. Der nationale Teilbetriebsbegriff setzte bisher voraus, dass mit dem jeweiligen Teilbetrieb sämtliche funktional wesentlichen Betriebsgrundlagen mitübertragen werden. Bezüglich des europäischen Teilbetriebsbegriffs wird dagegen davon ausgegangen, dass eine Übertragung der wesentlichen Wirtschaftsgüter nicht notwendig ist, sofern durch eine dauerhafte Nutzungsüberlassung die Funktionsfähigkeit des eingebrachten Teilbetriebs sichergestellt ist. Dieser Auslegung folgt der Umwandlungssteuererlass 2011 jedoch nicht. Dieser verlangt zumindest die Übertragung des wirtschaftlichen Eigentums an funktional wesentlichen Betriebsgrundlagen. Eine bloße Nutzungsüberlassung ist nicht ausreichend. Die Finanzverwaltung vertritt folgende Auffassung: Der europäische Teilbetriebsbegriff setzt voraus, dass neben den funktional wesentlichen Betriebsgrundlagen sämtliche anderen Wirtschaftsgüter, die wirtschaftlich dem Teilbetrieb zuzuordnen sind, mitübertragen werden müssen. Anders als bisher ist eine freie Zuordnung funktional nicht wesentlicher Wirtschaftsgüter nur noch dann möglich, wenn und soweit keine wirtschaftliche

Zuordnung zum Teilbetrieb möglich ist. Der Erlass enthält keinen Hinweis zu folgendem Punkt: Steht die Zurückbehaltung nicht wesentlicher, jedoch wirtschaftlich zuzuordnender Wirtschaftsgüter insgesamt der Annahme eines Teilbetriebs entgegen und führt damit zu einer Aufdeckung aller stillen Reserven oder sind in diesem Fall die stillen Reserven nur anteilig bezogen auf die zurückbehaltenen Wirtschaftsgüter aufzudecken? (2)

Das Erfordernis des Vorliegens eines Teilbetriebs schon zum Zeitpunkt des steuerlichen Übertragungsstichtags hat für die Praxis große Auswirkungen. Dies führt zu bedeutenden Hürden für die Vornahme einer rückwirkenden Umwandlung. Den Betroffenen wird in vielen Fällen nur die Möglichkeit bleiben, die Umwandlungsmaßnahme in die Zukunft zu verschieben. Außerdem ist davon auszugehen, dass zunehmend Diskussionen mit der Finanzverwaltung geführt werden, ob nicht schon die am in der Vergangenheit liegenden steuerlichen Übertragungsstichtag vorliegenden Sachverhalte geeignet sind, den Teilbetriebsbegriff auszufüllen. Verschärft wird diese Problematik dadurch, dass der Teilbetrieb im Aufbau zukünftig nicht mehr zulässig ist. Wie schon bisher gilt daher in Zukunft um so mehr, dass ein steuerneutraler Umwandlungsvorgang nicht ohne die Einholung einer verbindlichen Auskunft durchgeführt werden sollte. (2)

Weiterführende Literatur

(1) Größere Sicherheit für Umstrukturierungen Der seit Jahren erwartete Verwaltungserlass zum Umwandlungssteuergesetz nimmt allmählich Form an
aus Börsen-Zeitung, 06.04.2011, Nummer 67, Seite 2

(2) Ausgewählte Praxisschwerpunkte im Umwandlungssteuererlass 2011
aus Betriebs Berater Heft 4/2012 Seite 223

(3) Das Dritte Gesetz zur Änderung des Umwandlungsgesetzes: Herabsetzung der Squeeze-out-Schwelle auf 90 % kommt
aus Betriebs Berater Heft 29/2011 Seite 1731

(4) Der neue Umwandlungssteuererlass
aus CORPORATE FINANCE law, Heft 6 vom 26.9.2011, Seite 312 - 319

(5) Umstrukturierung wird erschwert
aus Frankfurter Allgemeine Zeitung, 11.01.2012, Nr. 9, S. 19

Impressum

Der neue Umwandlungssteuererlass - Zentrale Aspekte

Bibliografische Information der deutschen Nationalbibliothek

Die Deutsche Nationalbibliothek verzeichnet diese Publikation in der deutschen Nationalbibliografie; detaillierte bibliografische Daten sind im Internet über http://dnb.d-nb.de abrufbar.

ISBN: 978-3-7379-1408-6

© 2015 GBI-Genios Deutsche Wirtschaftsdatenbank GmbH, Freischützstraße 96, 81927 München, www.genios.de

Alle Rechte vorbehalten. Dieses Werk ist einschließlich aller seiner Teile – z.B. Texte, Tabellen und Grafiken - urheberrechtlich geschützt. Jede Verwertung außerhalb der Grenzen des Urheberrechtsgesetzes bedarf der vorherigen Zustimmung des Verlags. Dies gilt insbesondere auch für auszugsweise Nachdrucke, fotomechanische

Vervielfältigungen (Fotokopie/Mikroskopie), Übersetzungen, Auswertungen durch Datenbanken oder ähnliche Einrichtungen und die Einspeicherung und Verarbeitung in elektronischen Systemen.